Novena de Santa Mônica

EDELVAN JOSÉ DOS SANTOS

Novena de Santa

Mônica

Padroeira das Mães Cristãs, que oram pela conversão dos esposos e dos filhos

EDITORA SANTUÁRIO

DIREÇÃO EDITORIAL: Edvaldo Manoel Araújo, C.Ss.R.
COORDENAÇÃO EDITORIAL: Ana Lúcia de Castro Leite
COPIDESQUE: Luana Galvão
REVISÃO: Sofia Machado
DIAGRAMAÇÃO E CAPA: Mauricio Pereira

1ª impressão

ISBN: 978-65-5527-532-2

Rua Pe. Claro Monteiro, 342 – 12570-045 – Aparecida-SP
Tel.: 12 3104-2000 – Televendas: 0800 - 0 16 00 04
www.editorasantuario.com.br
vendas@editorasantuario.com.br

Santa Mônica

Santa Mônica nasceu no ano de 331, em Tagaste, localizada na África do Norte (atual Argélia). Desde pequenina, tinha notável dedicação por ajudar os pobres, vocação que se fortaleceu com o passar do tempo.

Na mocidade, obedecendo a seus pais, casou-se com Patrício, homem pagão, infiel, de temperamento difícil e viciado em jogos. Sua sogra, que também possuía influência negativa em sua vida conjugal, provocou inúmeros conflitos.

Ainda assim, Mônica teve grande sabedoria ao evitar discutir com o marido, sempre muito colérico e agressivo. Se ele estivesse de mau humor, ela procurava manter seu equilíbrio; se ele gritasse, ela preferia calar-se. Desse modo, a jovem evitou que o esposo a espancasse, como era costumeiro naquela época.

Aos 22 anos, ela deu à luz o primogênito Agostinho, seguido por outros dois filhos, Navígio e Perpétua, a qual se tornou religiosa. Desde a infância, Agostinho mostrou uma inteligência excepcional, por isso foi enviado à cidade de Cartago, para estudar Filosofia, Retórica e Literatura.

No ano de 371, Mônica obteve uma magnífica graça: a conversão de Patrício e também de sua sogra, que receberam o sacramento do batismo. No ano seguinte, seu esposo faleceu. Nessa época, Agostinho, com apenas 17 anos, devido à falta de apoio paternal nas questões religiosas e ao forte temperamento, envolveu-se nos vícios: jogos, mulheres e uma seita maniqueísta. Diante dessa situação, Mônica, que chorava e sofria intensamente por seu filho estar no caminho da perdição eterna, intensificou suas orações e penitências.

Estando em Milão, Santa Mônica se encontrou com Santo Ambrósio, arcebispo dessa cidade, o qual lhe proferiu prudentes conselhos. E, Agostinho, impressionado com a sabedoria e forte personalidade de Ambrósio, e entusiasmado pela sábia oratória do religioso, começou a repensar e mudar seus conceitos sobre a vida, sentindo-se muito envolvido pela fé católica. Assim, converteu-se a Cristo.

Santa Mônica sentia-se empolgada pela dádiva de ver o filho convertido. "E a mim, o que mais pode me amarrar a terra? Já obtive meu grande desejo: ver Agostinho como cristão católico. Tudo o que desejava consegui de Deus!" Acometida por intensa febre, em poucos dias, Mônica faleceu, em 387, com apenas 56 anos de idade.

Ela foi canonizada pelo papa Alexandre III, devido a sua fé sólida, pautada na oração, prática piedosa e escuta da Palavra de Deus, sendo esposa virtuosa e mãe cuidadora, responsável pela conversão de seu filho Santo Agostinho.

Declarada padroeira das mães cristãs, é modelo para mães e esposas, desejosas da conversão de seus filhos e seu marido, muitas vezes, aprisionados aos vícios das drogas, do álcool, da promiscuidade. Sua festa litúrgica é celebrada em 27 de agosto, data de seu falecimento.

Como fazer a Novena

(Roteiro para todos os dias)

1. Oração inicial

– Em nome do Pai, do Filho e do Espírito Santo.

– Amém!

– A nossa proteção está no nome do Senhor,

– que fez o céu e a terra!

– Ouvi, Senhor, minha oração

– e chegue até vós o meu clamor!

– Vinde, Espírito Santo, enchei os corações dos vossos fiéis e acendei neles o fogo do vosso amor. Enviai o vosso Espírito, e tudo será criado, e renovareis a face da terra!

Oremos: Ó Deus, que instruístes os corações dos vossos fiéis com a luz do Espírito Santo, fazei que apreciemos retamente todas as coisas, segundo o mesmo Espírito, e gozemos sempre da sua consolação. Por Cristo, Senhor nosso.

– Amém!

Oferecimento da Novena: Ó amado Senhor Jesus Cristo, Filho divino e Salvador das almas contritas, pelas aflitas lágrimas de Santa Mônica, vós transformastes inteiramente o coração pecador de seu filho Agostinho, que, após a conversão plena, foi inspirado pelo Espírito Santo a produzir continuamente frutos de penitência. Por intermédio daquelas benditas lágrimas de mãe sofredora, concedei a nossas almas o verdadeiro arrependimento, garantia do perdão de qualquer culpa, recebei nosso sincero pranto de contrição pelos agravos contra vosso Santíssimo Coração e apagai toda a iniquidade e toda a mancha de nosso ser. Ainda vos pedimos que aceiteis nossos pedidos e nossas súplicas, por intercessão de Santa Mônica *(faça seu pedido com fé e esperança)*, pois aqui apresentamos nosso espírito contrito e humilhado, sempre desejoso de contemplar eternamente vossa gloriosa face no Reino Celeste. Amém!

2. Palavra de Deus (*própria de cada dia*)

3. Preces do dia (*próprias de cada dia*)

4. Gesto concreto *(próprio de cada dia)*

5. Oração final

Ó bem-aventurada Santa Mônica, exemplo para as esposas, modelo de mãe amorosa, consolação às viúvas, mulher perseverante na fé, a quem foi concedido o espírito de oração persistente e também o dom da aceitação das lágrimas de dor, soubeste tocar o coração do Pai das Misericórdias, o qual se compadeceu de teu sofrimento, escutou tuas súplicas e atendeu teu clamor de filha fidelíssima ao Senhor. Vim suplicar tua intercessão, pois estou passando por difíceis tribulações e lágrimas dolorosas neste caminho da vida *(rezar 1 Pai-nosso, 3 Ave-Marias e 1 Glória ao Pai)*. Ajuda-me a obter um espírito de oração persistente e a misericórdia que mereço, conforme minhas faltas, para que eu alcance a graça necessária para manter um lar repleto de amor com minha família, esposo e filho(a)s, pelo poder majestoso de Jesus Cristo, Senhor amado e querido de minh'alma. Assim seja. Amém!

1º Dia

Santa Mônica, a mulher que realizou grandes coisas

1. Oração inicial *(p. 8)*

2. Palavra de Deus *(Pr 31,10-12.21-22.25-26.28-29)*

Mulher perfeita, quem pode encontrá-la? Bem superior às pérolas é seu valor. Nela confia o coração de seu marido e não virá a faltar-lhe o lucro. Ela lhe dá felicidade e não desgosto todos os dias de sua vida. Não teme a neve para sua família, porque todos os de sua casa têm veste dupla. Faz para si cobertas, de linho e de púrpura são suas vestes. Fortaleza e honra são seus ornamentos e sorri diante do futuro. Abre a boca com sabedoria e sua língua ensina a bondade. Seus filhos se levantam e a proclamam feliz, e seu marido a elogia dizendo: "Muitas mulheres fizeram grandes coisas, mas tu superaste a todas!"

– Palavra do Senhor.

3. Preces do dia

1. Para que o Espírito Santo derrame sobre todas as mulheres vocacionadas para a maternidade seus dons de sabedoria, paciência e amor, fortalecendo-as em sua missão de cuidar e guiar seus filhos com ternura e dedicação, rezemos ao Senhor!

– Pela intercessão de Santa Mônica, ouvi-nos, Senhor Jesus!

2. Para que, pelo diálogo e pela compreensão mútua, todas as famílias encontrem força na união e superem os desafios com amor e harmonia, rezemos ao Senhor!

4. Gesto concreto

Oração em Família: rezar juntos, diariamente, seja ao acordar, antes das refeições ou ao se deitar. Isso fortalece o vínculo familiar e a conexão espiritual.

5. Oração final *(p. 10)*

2º Dia

Santa Mônica e o desejo de sua família servir ao Senhor

1. Oração inicial *(p. 8)*

2. Palavra de Deus *(Js 24,14-18)*

Naqueles dias, Josué disse ao povo: "Temei a Javé e servi-o com integridade sinceridade; lançai fora os deuses aos quais vossos pais serviram do outro lado do rio e no Egito e servi a Javé. Todavia, se não vos agrada servir a Javé, escolhei hoje a quem quereis servir: se aos deuses, a quem serviram vossos pais do outro lado do rio, ou aos deuses dos amorreus, em cujo país habitais. Eu e minha casa serviremos a Javé!" O povo respondeu: "Longe de nós abandonar Javé para servir a outros deuses! Porque Javé, nosso Deus, é aquele que nos tirou, a nós e a nossos pais, da terra do Egito, da casa da servidão, que realizou diante de nossos olhos esses grandes prodígios e nos protegeu em todo o caminho que percorremos e por entre todos os povos pelos quais passamos. Javé expulsou de nossa frente todos os povos, inclusive os amorreus que habitavam a terra. Portanto também nós serviremos a Javé, porque ele é nosso Deus".

– Palavra do Senhor.

3. Preces do dia

1. Para que Jesus dê ânimo e coragem a nossa família, a fim de sermos fiéis servidores de seu reino, vivendo com dedicação e amor em cada ação e decisão, rezemos ao Senhor!

– Pela intercessão de Santa Mônica, ouvi-nos, Senhor Jesus!

2. Para que nós nunca desanimemos diante dos desafios que surgirem na vida familiar e encontremos força e esperança em Cristo a fim de superar cada obstáculo com perseverança e fé, rezemos ao Senhor!

4. Gesto concreto

Leitura da Bíblia: dedicar um momento do dia para ler e refletir sobre as Escrituras em família. Isso promove a educação espiritual e o entendimento dos princípios cristãos.

5. Oração final *(p. 10)*

3º Dia

Santa Mônica, modelo de mãe fiel à família

1. Oração inicial *(p. 8)*

2. Palavra de Deus *(Lc 2,27-35)*

Simeão, movido pelo Espírito, dirigiu-se ao templo e, quando os pais levaram o menino Jesus para cumprirem as prescrições da lei a seu respeito, ele o tomou nos braços e louvou a Deus, dizendo: "Agora, Senhor, podeis deixar ir em paz vosso servo, conforme vossa palavra, porque meus olhos viram vossa salvação, que preparastes diante de todos os povos, luz para iluminar as nações e glória de Israel, vosso povo". Seu pai e sua mãe estavam maravilhados com as coisas que dele se diziam. Simeão os abençoou e disse a Maria, sua mãe: "Este menino vai causar a queda e a elevação de muitos em Israel; ele será um sinal de contradição; a ti própria, uma espada te traspassará a alma, para que se revelem os pensamentos de muitos corações".

– Palavra da Salvação.

3. Preces do dia

1. Para que as mães que enfrentam dificuldades em desempenhar bem sua função maternal e esponsal recebam força, apoio e encontrem a orientação e o auxílio necessários para superar os desafios e fortalecer seus laços familiares, rezemos ao Senhor!

– Pela intercessão de Santa Mônica, ouvi-nos, Senhor Jesus!

2. Para que todas as mães se inspirem no exemplo de Santa Mônica, buscando ser mães dedicadas e perseverantes na fé, confiantes no poder da oração e no amor de Deus para transformar e guiar sua família, rezemos ao Senhor!

4. Gesto concreto

Participação da Santa Missa: frequentar regularmente a igreja, pelo menos aos domingos, e participar dos sacramentos e das celebrações comunitárias. A presença ativa na comunidade de fé fortalece os laços espirituais e comunitários.

5. Oração final *(p. 10)*

4º Dia

Santa Mônica e a busca incessante da conversão de Agostinho

1. Oração inicial *(p. 8)*

2. Palavra de Deus *(Lc 2,41-47)*

Os pais de Jesus iam todos os anos a Jerusalém para a festa da Páscoa. Quando ele tinha doze anos, subiram para lá, como era costume na festa. Passados os dias da festa, quando estavam voltando, ficou em Jerusalém o menino Jesus, sem que seus pais o notassem. Pensando que ele estivesse na caravana, fizeram o percurso de um dia inteiro. Depois o procuraram entre os parentes e conhecidos e, não o encontrando, voltaram a Jerusalém a sua procura. Depois de três dias o encontraram no templo, sentado no meio dos doutores, ouvindo-os e interrogando-os. Todos os que o ouviam estavam maravilhados com sua sabedoria e com suas respostas.

– Palavra da Salvação.

3. Preces do dia

1. Para que Deus conceda conforto e esperança às mães que oram pelos filhos aprisionados nos vícios das drogas, do álcool ou da promiscuidade, que elas encontrem força e apoio para enfrentar essas difíceis situações, com fé e perseverança, e que seus filhos encontrem a libertação dos vícios, rezemos ao Senhor!

– Pela intercessão de Santa Mônica, ouvi-nos, Senhor Jesus!

2. Para que as mães que sofrem pelo desaparecimento de seus filhos recebam consolo e paz e que a presença de Deus as ampare e as fortaleça em meio à dor e à incerteza, rezemos ao Senhor!

3. Para que as mães que vivem em profunda depressão devido ao desaparecimento de seus filhos ou ao abandono por parte deles encontrem esperança e cura e possam experimentar o amor

e a misericórdia de Deus em sua vida, rezemos ao Senhor!

4. Gesto concreto

Atos de Caridade: engajar-se em atividades de serviço, como voluntariado em instituições de caridade, distribuição de alimentos ou apoio a pessoas necessitadas. A prática do amor ao próximo é central na vida cristã.

5. Oração final *(p. 10)*

5º Dia

Santa Mônica, a bendita missionária da família

1. Oração inicial *(p. 8)*

2. Palavra de Deus *(Lc 23,27-29.32-34)*

Seguia Jesus grande multidão de povo e de mulheres, as quais batiam no peito e o lamentavam. Voltando-se para elas, disse Jesus: "Filhas de Jerusalém, não choreis por mim, mas chorai por vós mesmas e por vossos filhos, porque virão dias em que se há de dizer: 'Felizes as estéreis e felizes as entranhas que não geraram e os seios que não amamentaram!'" Levaram para ser executados junto com ele outros dois, que eram malfeitores. Quando chegaram ao lugar chamado o Crânio, ali o crucificaram, como também aos malfeitores, um à direita e outro à esquerda. Jesus dizia: "Pai, perdoai-lhes, porque não sabem o que fazem".

– Palavra da Salvação.

3. Preces do dia

1. Para que as mulheres que enfrentam dificuldades em conviver com suas sogras, devido a interferências negativas, encontrem compreensão, paciência e sabedoria para lidar com essas situações, promovendo harmonia e respeito nas relações familiares, rezemos ao Senhor!

– Pela intercessão de Santa Mônica, ouvi-nos, Senhor Jesus!

2. Para que as esposas vítimas de violência doméstica encontrem proteção, apoio e coragem para buscar ajuda e que sejam envolvidas pelo amor e pela justiça de Deus, recebendo a paz e a segurança que merecem, rezemos ao Senhor!

3. Para que as crianças que testemunham brigas entre seus pais sejam envolvidas pelo carinho, pela estabilidade e recebam o suporte necessário para superar o trauma e crescer em um ambiente de amor e segurança, rezemos ao Senhor!

4. Gesto concreto

Prática do Perdão: praticar o perdão e a reconciliação dentro da família, seguindo o exemplo de Cristo, que ensinou a importância de perdoar. Isso ajuda a resolver conflitos e manter relacionamentos saudáveis.

5. Oração final *(p. 10)*

6º Dia

Santa Mônica e o cumprimento de sua missão terrena

1. Oração inicial *(p. 8)*

2. Palavra de Deus *(Jo 19,25-30)*

Junto à cruz de Jesus, estavam de pé sua mãe, a irmã de sua mãe, Maria, mulher de Cléofas, e Maria Madalena. Jesus, vendo sua mãe e, perto dela o discípulo que amava, disse a sua mãe: "Mulher, eis aí teu filho". Depois disse ao discípulo: "Eis aí tua mãe". E, desta hora em diante, o discípulo acolheu-a em sua casa. Em seguida, sabendo Jesus que tudo estava consumado, para se cumprir plenamente a Escritura, disse: "Tenho sede". Havia ali um vaso cheio de vinagre. Embeberam de vinagre uma esponja e, fixando-a em uma vara de hissopo, chegaram-lha à boca. Havendo Jesus tomado o vinagre, disse: "Tudo está consumado". Inclinou a cabeça e entregou o espírito.

– Palavra da Salvação.

3. Preces do dia

1. Para que todos aqueles que, como Santa Mônica, enfrentam dificuldades e desafios em suas missões terrenas, especialmente aquelas mães que se dedicam ao bem-estar e à educação de seus filhos e familiares, pela intercessão de Santa Mônica, recebam a força e a sabedoria necessárias para cumprir sua missão com amor e perseverança, rezemos ao Senhor!

– Pela intercessão de Santa Mônica, ouvi-nos, Senhor Jesus!

2. Para que as famílias que se esforçam para viver de acordo com os princípios cristãos, enfrentando provas e tribulações, inspiradas pelo exemplo de Santa Mônica, possam encontrar paz, união e que sua vida seja um reflexo do amor e da graça de Deus, rezemos ao Senhor!

4. Gesto concreto

Gestos de Gratidão: expressar gratidão a Deus e aos membros da família por meio de pequenos atos de carinho e reconhecimento. A gratidão fortalece os laços familiares e promove um ambiente de amor e respeito.

5. Oração final *(p. 10)*

7º Dia

Santa Mônica, a mulher que se doou pela família

1. Oração inicial *(p. 8)*

2. Palavra de Deus *(1Jo 3,16-22)*

Nisto conhecemos o amor: ele deu sua vida por nós. E nós também devemos dar nossa vida pelos irmãos. Se alguém, possuindo os bens deste mundo, vê seu irmão na necessidade e lhe fecha seu coração, como o amor de Deus permanece nele? Filhinhos, não amemos só com palavras, mas por atos e de verdade. Nisto saberemos que somos da verdade e tranquilizaremos nosso coração diante de Deus, porque, se nosso coração nos acusa, Deus é maior que nosso coração e conhece tudo. Caríssimos, se nosso coração não nos acusa, temos confiança diante de Deus e dele receberemos tudo quanto pedirmos, porque somos fiéis a seus mandamentos e fazemos o que é de seu agrado.

– Palavra do Senhor.

3. Preces do dia

1. Para que pais e mães que se sacrificam diariamente para proporcionar um lar cheio de amor e de valores cristãos para seus filhos, inspirados pelo exemplo de Santa Mônica, encontrem apoio e consolo nas dificuldades e sejam abençoados com a sabedoria e paciência a fim de continuar sua jornada de entrega e dedicação, rezemos ao Senhor!

– Pela intercessão de Santa Mônica, ouvi-nos, Senhor Jesus!

2. Para que os filhos consigam reconhecer e valorizar o amor, o sacrifício de seus pais e possam expressar sua gratidão e seu apoio, fortalecendo assim os laços familiares com amor e respeito, rezemos ao Senhor!

4. Gesto concreto

Discussões Espirituais: conversar sobre questões de fé e de moral em casa, discutindo como aplicar os ensinamentos cristãos no cotidiano. Isso promove uma compreensão mais profunda e ajuda a aplicar a fé na prática.

5. Oração final *(p. 10)*

8º Dia

Santa Mônica, a servidora de Jesus Cristo

1. Oração inicial *(p. 8)*

2. Palavra de Deus *(Jo 2,1-9.11)*

Houve uma festa de casamento em Caná da Galileia e lá se encontrava a mãe de Jesus. Também Jesus foi convidado para a festa junto com seus discípulos. Faltando o vinho, a mãe de Jesus lhe disse: "Eles não têm mais vinho". Respondeu-lhe Jesus: "Mulher, que importa isso a mim e a ti? Minha hora ainda não chegou". Sua mãe disse aos serventes: "Fazei tudo o que ele vos disser". Havia lá seis talhas de pedra, destinadas às purificações dos judeus. Cada uma delas podia conter cerca de dois ou três barris. Disse Jesus aos serventes: “Enchei de água as talhas”. Eles as encheram até a boca. Disse-lhes então: “Tirai agora e levai ao mestre-sala”. Eles levaram. O mestre-sala provou a água transformada em vinho, e não sabia donde viera aquele vinho, embora o soubessem os serventes que haviam tirado a água. Desse modo iniciou Jesus, em Caná da Galileia, seus sinais. Manifestou sua glória, e seus discípulos começaram a crer nele.

– Palavra da Salvação.

3. Preces do dia

1. Para que, seguindo os passos de Santa Mônica, possamos responder com generosidade ao chamado de Deus para servir os pobres e os marginalizados, oferecendo nossa assistência e compaixão de maneira desinteressada e fiel, contribuindo para a construção de um mundo mais justo e fraterno, rezemos ao Senhor!

– Pela intercessão de Santa Mônica, ouvi-nos, Senhor Jesus!

2. Para que, inspirados pelo exemplo de Santa Mônica, nosso lar seja um verdadeiro reflexo do amor e da graça de Jesus Cristo, transformando-

-se em um espaço de paz, de união e de milagre do amor verdadeiro, assim como a água foi transformada em vinho nas bodas de Caná, rezemos ao Senhor!

4. Gesto concreto

Educação Religiosa das Crianças: ensinar e modelar os valores cristãos nos filhos, por meio das histórias bíblicas, da oração e dos exemplos de vida dos santos da Igreja. Isso garante que a fé seja passada para as próximas gerações.

5. Oração final *(p. 10)*

9º Dia

Santa Mônica, a intercessora das mães e das esposas aflitas

1. Oração inicial *(p. 8)*

2. Palavra de Deus *(Pr 23,15-19.22-23.25)*

Meu filho, se teu coração for sábio, também meu coração se alegrará. Exultará meu íntimo, quando teus lábios disserem palavras retas. Teu coração não inveje os pecadores, mas fique sempre no temor de Javé, porque assim terás um futuro e tua esperança não ficará frustrada. Escuta, meu filho, e sê sábio e dirige o coração pelo caminho reto. Escuta teu pai que te gerou, não desprezes tua mãe quando velha. Adquire o verdadeiro bem e não o cedas: a sabedoria, a instrução e o entendimento. Que teu pai e tua mãe se alegrem e exulte aquela que te gerou.

– Palavra do Senhor.

3. Preces do dia

1. Para que todas as esposas que carregam o peso das preocupações e desafios em seus casamentos, seguindo o exemplo de Santa Mônica, encontrem a paz e a sabedoria necessárias para lidar com as adversidades e para fortalecer o amor e a harmonia em seu lar, rezemos ao Senhor!

– Pela intercessão de Santa Mônica, ouvi-nos, Senhor Jesus!

2. Para que as mulheres que cuidam de seus filhos e de seus esposos doentes, que enfrentam a dor e a preocupação com coragem e amor incondicional, pela intercessão de Santa Mônica, encontrem alívio, força e conforto em sua missão de cuidar e apoiar aqueles que tanto amam, rezemos ao Senhor!

3. Para que, a exemplo de Santo Agostinho, os filhos se compadeçam do sofrimento causado a suas mães, convertam-se a Jesus Cristo e encontrem o caminho da reconciliação e da paz, levando alegria e conforto para o coração de sua mãe, rezemos ao Senhor!

4. Gesto concreto

Criação de Tradições Familiares: desenvolver e manter tradições familiares que celebrem a fé, como a oração em ocasiões especiais, o jejum e as práticas de devoção. Essas tradições ajudam a enraizar a fé no cotidiano da família.

5. Oração final *(p. 10)*

Índice